Le Démon de la Tour Eiffel

TARDI

TARDI

Les Aventures Extraordinaires d'Adèle Blanc-Sec

Le Démon de la Tour Eiffel

Adaptation graphique de Sylvie Mocaer
Mise en couleurs de Babette et Lili Cronenbourg d'après Anne Delobel
© Éditions Casterman
© 1988 Éditions J'ai lu pour la présente édition

Qu'est devenu ALBERT, l'ignoble traître ?

JOSEPH le fourbe profitera-t-il longtemps du magot ?

L'inspecteur CAPONI ne risque-t-il pas de devenir efficace à force d'essuyer échec sur échec ?

ADÈLE retrouvera-t-elle ALBERT et JOSEPH ? S'emparera-t-elle de l'argent volé au banquier ? Aidera-t-elle Simon FLAGEOLET ?

Quel objet mystérieux contient l'un des deux sacs, qui sont les individus qui souhaitent tant le récupérer, et dans quel but ?

PARIS, le 12 décembre 1911.

AH!AH L'AFFAIRE DU JARDIN DES PLANTES* PIÉTINE !... Il semblerait que l'inspecteur CAPONI n'ait pas encore suffisamment d'éléments en main pour... etc., etc... mais "cela ne saurait tarder", nous a-t-il déclaré, etc...

* voir ADÈLE ET LA BÊTE

7

L'AFFAIRE DU JARDIN DES PLANTES!
Tout avait commencé par l'envol d'un monstre préhistorique qui, revenu à la vie dans des circonstances mystérieuses, s'était échappé de son œuf fossilisé, frôlant de ses ailes de chair ses contemporains pétrifiés du Muséum d'Histoire naturelle.

Adèle BLANC-SEC avait été l'un des personnages de cette ...

Enfin calmée! Inutile de continuer à détériorer la porte: elle est solide, et il y a deux hommes en bas qui ne vous laisseraient pas sortir. Cessez de hurler, c'est horripilant et ça ne sert à rien, la maison est isolée.

... histoire, séquestrant Édith RABATJOIE ...

PETITE GARCE!

projetant l'évasion de Lucien RIPOL, cambrioleur condamné à la guillotine pour un meurtre qu'il n'avait pas commis...

S'en était suivie une rocambolesque course au trésor afin de récupérer le butin dérobé chez le banquier MIGNON-NEAU. On se souvient de cette nuit tragique où des coups de feu retentirent au Jardin des Plantes, où RIPOL trouva la mort...

...où ADÈLE fut trahie par deux fois, successivement par ALBERT et JOSEPH, ses anciens hommes de main.

ALBERT s'était enfui, grièvement blessé...

Bah... Il n'ira pas loin!

et JOSEPH était parti avec les deux sacs contenant le magot.

ON SE RETROUVERA!

Mais oui... Mais oui...

L'inspecteur CAPONI chargé de l'enquête avait fait preuve d'un singulier manque de perspicacité.

Et il était trop tard quand Simon FLAGEOLET avait décidé d'intervenir.

Vous vous demandez certainement quel rôle je joue dans cette affaire? Eh bien, figurez-vous que je suis intéressé moi aussi par le magot dérobé au banquier MIGNONNEAU. L'un des sacs contient un objet d'une valeur inestimable pour certaines personnes qui m'ont chargé de le récupérer. Et je suis sûr que vous m'aiderez

AH? AH?

En un mot, ADÈLE avait été dupée.

Tout le monde s'est payé ma tête... A mon tour maintenant !

Pour commencer : retrouver JOSEPH et ALBERT... Pour ça, aller voir où en est FLAGEOLET.

AH! Nous y voilà. Dites donc, c'est rupin chez FLAGEOLET.

Je serais bien étonnée qu'il soit sur une piste... Il n'est pas du genre à trouver sans qu'on l'aide...

Adèle BLANC-SEC.

Entrez, mademoiselle! Monsieur vous attend.

Ça ne m'étonne pas...
Vous devriez jouer du violon.

Tout d'abord, quel est
ce mystérieux objet dont
vous m'avez parlé, et qui
vous a chargé de le
retrouver ?

À vrai dire, je ne sais pas qui
sont les gens qui m'ont demandé
de rechercher "l'objet". J'ai été
contacté par lettre. On me disait
qu'il avait une valeur inestimable
pour certaines personnes. Ça
m'a intrigué et j'ai accepté.

Par deux fois j'ai rencontré un même
individu à la station de métro SÉ-
VRES-BABYLONE où il m'a remis
une forte somme d'argent. Évidemment, il ne m'a rien dit sur celui
ou ceux qui m'emploient. Et voilà...

Et "l'objet" ?

En voici une photographie

Qu'est-ce que c'est ?

Une statuette assyrienne... Une représentation du démon PAZUZU...

Des rendez-vous à la station SÈVRES-BABYLONE pour rechercher une statuette assyrienne! Ceux qui s'intéressent à PAZUZU ne manquent pas d'humour. Bravo!

Voyons... PAZUZU a été volé chez MIGNONNEAU... Je me souviens d'avoir lu un article sur MIGNONNEAU après son assassinat... Il était collectionneur d'antiquités et même de peinture moderne. Il possédait, je crois, plusieurs 'PEISSONIER'...Bref, de quel côté prendre cette histoire ?

?

PEISSONIER... PEISSONIER... Ça me dit quelque chose. PEISSONIER'... Attendez une minute !

Regardez ! Je savais bien qu'il y avait un rapport.

!

LE PARFUM DE LA DAME EN VOIE

29 Avril 1911

PRIX 2.50

SALON 1911
L'ILLUSTRATION

SOCIÉTÉ NATIONALE DES BEAUX-A...

J.E. PEISSONIER. - Offrande à Pazuzu

Allons le voir, ça peut être une piste... Un peu faible, mais faute de mieux...

Qu'allons-nous lui dire ?

Que vous êtes intéressé par l'acquisition d'une de ses croûtes et que je suis votre secrétaire.

Écoutez ça : "Parmi les oeuvres du Salon, remarquons tout particulièrement celle que nous donne à voir Jules-Émile PEISSONIER, représentant avec vigueur et fidélité une scène de sacrifice en l'honneur de quelque démon antique. Peu d'artistes auront eu la chance de marquer leur époque en restituant avec autant de force et de vérité les splendeurs sauvages de l'empire chaldéoassyrien. Quelle oeuvre! Quel talent! Quel sens de la composition !

Pas de doute, PEISSONIER s'est spécialisé dans la représentation de scènes de l'Antiquité assyrienne. Regardez PAZUZU en plein milieu de la toile.

Le lendemain...

J'ai pris rendez-vous sous un faux nom évidemment... PEISSONIER nous attend !

ABSINT

Curieux tout ça...

Mh...oui. On m'a contacté peu après le meurtre de MIGNONNEAU pour entreprendre ces recherches. J'ai assisté au procès de RIPOL et tout naturellement je me suis trouvé sur votre piste...

J'attendais, comme JOSEPH et ALBERT, que RIPOL, une fois libre, et vous-même me conduisiez jusqu'à la planque du magot et donc à PAZUZU caché dans l'un des deux sacs. Mais je suis arrivé trop tard au Jardin des Plantes, à temps quand même pour vous tirer des pattes de CAPONI.

UN NOUVEAU CAS DE PESTE À PARIS !
LE TROISIÈME EN UN MOIS !
UNE NOUVELLE DISPARITION SUR LE PONT-NEUF !
UN TÉMOIN RACONTE !

La peste ! Il ne manquait plus que ça.

À Neuilly-sur-Seine un peu plus tard.

C'est ici.

Le Maître vous attend dans l'atelier, veuillez me suivre.

!?!

Cher Maître, depuis le temps que je souhaitais vous rencontrer...

Quel plaisir de serrer la main d'un authentique génie. Si, si, un génie.

Humpf.

Ah, M. PEISSONIER, peu d'artistes auront eu la chance de marquer leur époque en restituant avec autant de force et de vérité les splendeurs sauvages de l'empire chaldéo-assyrien...

Pas très causant, PEISSONIER ; quant à FLAGEOLET, il en fait un peu trop.

Quelle œuvre! Quel talent! Quel sens de la composition!

Ravi de vous avoir rencontré, cher Maître.

Ça n'aura pas été long.

La piste était bonne ! Le larbin n'est autre que l'homme qui m'a contacté dans le métro.

Pas de doute, PEISSONIER est dans le coup ! Dès qu'il a un centimètre carré de libre dans une toile, c'est pour y caser PAZUZU.

Laissez-moi là, je vais continuer à pied ! Je vous ferai signe si j'ai du nouveau.

HÉ HÉ...
Tiens...Tiens...

"LES DERNIERS JOURS DE BABYLONE"...Décors: Jules-Emile PEISSONIER Intéressant ! Pour une fois, je crois que je vais aller au théâtre.

Le soir même...

25

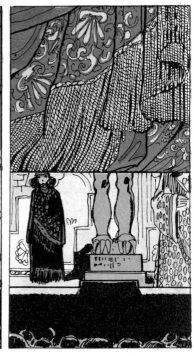

Excellent !

Ce Josef MONTEVIDEO, quel talent !

Clara BENHARDT n'est pas mal non plus.

La mort du traître, quel naturel ! Quelle grandeur! Vraiment, on n'a jamais fait mieux...

...une intensité dramatique rarement atteinte.

Affligeant ! Tout tourne autour de PAZUZU : les décors de PEISSONIER, le thème de la pièce, PAZUZU, toujours PAZUZU...Il me semble entrevoir quelque chose qui pourrait être... Bizarre tout de même !

Le lendemain...

DU SO

atin

Mort en scène comme Molière

Hier soir, un incident tragique est survenu lors d'une des représentations des « Derniers jours de Babylone », pièce qui remporte un vif succès actuellement sur les boulevards. Le talentueux acteur Josef Montevideo, qui campait avec brio le rôle fort difficile du traître Khorsa-bani-pal, a été véritablement poignardé en scène par sa partenaire Clara Benhardt.

Cette scène tragique clôturait ce magnifique drame antique en cinq actes que nous devons au talent du dramaturge Robert Poussin.

L'actrice semble avoir pris la fuite. Sont-ce là les conséquences tragiques et déplorables d'une jalousie d'acteur ? Nous ne tarderons vraisemblablement pas à le savoir car l'enquête menée par la police est entre les mains de l'inspecteur Léonce Caponi qui, nous nous souvenons, s'est brillamment illustré lors de l'affaire du Jardin des Plantes.

...l'inspecteur CAPONI enquête.

Quelle salade ! Je n'y comprends rien de rien...

Bon ! Hum... résumons-nous !

Reprenez tout depuis le début.

Eh bien voilà. Hier soir, peu avant la fin de la représentation, mon régisseur vient me voir. "M. le directeur, MONTEVIDEO a eu un malaise", me dit-il.

Après la scène du coup de poignard le rideau tombe pour un changement de décor, pour la dernière scène du 5e acte. Ni MONTEVIDEO ni Mlle BENHARDT ne réapparaissent avant le traditionnel salut final où tous les artistes sont présents. Hier soir, MONTEVIDEO n'a pas salué. À cause de son malaise, me suis-je dit...

J'essaie de me renseigner sur son état... Il reste introuvable. J'apprends aussi que Mlle BENHARDT n'a pas attendu la fin de la pièce et qu'elle a quitté le théâtre en costume de scène aussitôt après avoir fini de jouer. Elle non plus n'a pas salué le public.

Une demi-heure plus tard, j'apprends qu'un électricien a trouvé le corps de MONTEVIDEO.

C'est moi !

Racontez !

...Eh bien moi, j'ai trouvé l'acteur derrière des panneaux. Et à voir comment qu'y z'étaient déchirés et pleins de sang ses habits, j'ai compris qu'il avait reçu un coup d'couteau dans l'dos, comme dans la pièce.

BON SANG!

Au même instant, au musée du Louvre...

PAZUZU!

Cette visite au Louvre ne m'aura guère avancée... Et ce meurtre hier soir lors de la représentation? J'ai de plus en plus l'impression d'entrevoir de quoi il pourrait s'agir...

Enfin au sec.

OH!

Édith RABATJOIE s'est tuée en tentant de traverser la Manche à bord d'un engin volant...baptisé le PTÉRODACTYLE II !

Pauvre fille... Son engin avait sauvé RIPOL de la guillotine... S'il n'y avait pas eu les autres... ALBERT... JOSEPH...

J'y mettrai le temps, mais je ferai en sorte que JOSEPH et surtout ALBERT aient à regretter de m'avoir roulée. Et puis il y a ce manuscrit qui traîne en longueur.

Il y a des jours où on a intérêt à se coucher tôt ! Pas vrai, vieille peau ?

CRIII

Ah! Vous voulez parler de cette statuette épouvantable... Eh bien, je l'ai vendue hier après midi...Trop heureux de m'en débarrasser !

À qui l'aviez-vous achetée ? À qui l'avez-vous vendue ?

... Je l'ai vendue à un petit monsieur qui semblait particulièrement heureux d'acquérir cette horreur... Je l'avais obtenue à un bon prix d'un homme assez grand et fort, au nez cassé et à la petite moustache...

JOSEPH ! C'est sa description... Ça peut être celle de centaines d'autres types aussi... Comment être sûre ?

C'est curieux, le petit monsieur aussi voulait savoir à qui je l'avais achetée...

Dans la soirée...

Est-ce bien prudent de rester ici? JOSEPH connaît cet appartement... D'un autre côté, ça peut servir de point de départ: en quelque sorte je fais office d'appât... Désagréable mais nécessaire pour faire avancer cette affaire.

?

DRRIN ...DRR

Allô?

Allô, c'est FLAGEOLET. Écoutez ça! Je viens de recevoir un mot accompagné d'une forte somme d'argent. On me demande d'abandonner mes recherches en ce qui concerne PAZUZU.

41

Qu'en pensez-vous ?

Pas grand-chose... Je vous rappellerai.

Aussitôt la statuette achetée, FLAGEOLET reçoit l'ordre de laisser tomber ! J'ai dans l'idée que PEISSONIER a lancé d'autres limiers sur la piste... Il semblerait bien que PAZUZU ait été récupéré par ses adorateurs... Tiens, c'est drôle ça... Ses adorateurs...

DING! DING!

On sonne !

?

Un gosse !

43

45

49

Eh bien ça alors, c'est pas piqué des vers !

CLAC!

Si vous voulez mon avis, j'ai l'impression d'être capable de donner une explication on ne peut plus rationnelle aux mystérieuses disparitions du Pont-Neuf dont on parle dans les journaux.

Récapitulons : JOSEPH, qui a vraisemblablement vendu PAZUZU à l'antiquaire, veut me voir. On l'enlève ! Arrivant à proximité du Pont-Neuf, on empêche mon fiacre d'approcher... Je m'en tire avec un bras dans le plâtre.

Visiblement les ravisseurs de JOSEPH venaient ici, sur le Pont. Et je ne pense pas trop me tromper en supposant qu'il y a un rapport gros comme la tour Eiffel entre PAZUZU et les disparitions du Pont-Neuf... Pour en savoir plus, il n'y a qu'à descendre.

À mon tour..

CLIC

CLAC!

Et pour ressortir ?

On doit se trouver dans une pile du pont.

Sous la Seine ?

HÉ! Il y a de la lumière dans le fond.

FRÈRES, RÉJOUISSEZ-VOUS !

PAZUZU, démon du vent du sud-ouest, propagateur de la peste des marais, est de nouveau parmi nous !

ALBERT!

PAZUZU! Le GRAND FRÈRE! Des réunions nocturnes en un lieu secret! Une secte! Je m'en doutais...Une secte d'adorateurs du démon PAZUZU!

Cette réunion sera la dernière. Il devient en effet trop risqué de continuer à utiliser ce lieu pour nos rencontres. Tout à l'heure, le GRAND FRÈRE dira ce qu'il attend de nous...

Après de multiples péripéties, PAZUZU a réintégré le cercle des initiés. Il fut volé par deux impurs chez le frère MIGNONNEAU que l'on retrouva mort.

Je leur fis payer de leur vie cet acte blasphématoire. À la fin de cette aventure, PAZUZU était entre les mains de JOSEPH, un impur. Quant à moi, paralysé par une balle tirée dans le dos par le même JOSEPH, je me rétablis chez le frère PEISSONIER.

Voilà donc les véritables motivations d'ALBERT en travaillant pour LOBEL et pour moi en même temps: venger MIGNONNEAU, en tuant LOBEL et RIPOL, et récupérer PAZUZU au nom de la secte dont il fait partie. ✱

✱ voir ADÈLE ET LA BÊTE

JOSEPH vendit PAZUZU à un antiquaire... Et c'est par hasard que frère NICOLLET vit notre cher démon dans la vitrine du brocanteur, ce qui nous mit sur la piste de JOSEPH.

L'antiquaire et JOSEPH sont morts pour avoir osé porter leurs mains sur notre démon.

Frères, voici leurs dépouilles infâmes. La peste a accompli son œuvre purificatrice.

Qu'est-ce que c'est que ce guignol ?

PAZUZU est de retour. Les impurs qui ont eu l'outrecuidance de le souiller de leurs mains détestables ont péri !

Justice leur a été faite, mais bien d'autres impurs de pareille sorte restent à sauver, qu'ils aient ou non posé leurs mains sur PAZUZU ! Ce rituel a déjà commencé, mais il va maintenant entrer dans une phase décisive ! Hier soir encore, trois impurs qui nous traquaient ont péri dans les flammes: parmi eux Adèle BLANC-SEC qui menaçait de devenir un danger pour nous.

C'est PARIS tout entier que nous allons sauver ! Dans deux jours, j'officierai du haut du "ziggourat" de métal, symbole de PARIS, l'orgueilleuse cité, qui tente vainement d'égaler BABYLONE.

Cette ultime cérémonie aura pour but de faire sombrer dans les affres de la peste salvatrice PARIS qui pue de suffisance par toutes ses bouches d'égout, afin que PAZUZU, démon du vent du sud-ouest, propagateur de la peste des marais, y règne à tout jamais !

Le lendemain au cimetière du Père-Lachaise...

71

Et alors ? Notre ami MONTEVIDEO a été assassiné car il avait découvert quelque chose de grave au sein même du théâtre.

Séparons-nous : il ne faut pas que l'on nous voie ensemble, ma vie serait en danger. Je vous en dirai plus à mon domicile... Aujourd'hui même, vers 17h, si vous le voulez... Voici ma carte.

À la Préfecture de police, dans le bureau du commissaire principal DUGOMMIER.

Alors, CAPONI ?

Eh bien voilà : ce matin à l'enterrement de MONTEVIDEO, un acteur de ses amis, un certain ARTAUD, m'a ...

...parlé, il insinue que MONTEVIDEO avait découvert je ne sais quoi au théâtre, ce qui aurait entraîné sa mort. Je dois rencontrer cet ARTAUD vers 17h aujourd'hui chez lui. J'ai tout lieu de croire que je suis sur une bonne piste.

Au contraire, vous me semblez bien mal parti, CAPONI. Vous compliquez à souhait cette affaire qui n'est certainement rien d'autre qu'une histoire de jalousie entre acteurs. Vous savez aussi bien que moi ce que sont ces gens, CAPONI, des artistes, autrement dit des détraqués, des pervertis sexuels, des criminels en puissance!

Heu... Bon... Bien... À vos ordres, M. le commissaire principal.

Rien d'étonnant à ce que la moindre querelle puisse les conduire jusqu'au meurtre! Laissez tomber cette affaire et reprenez celle du JARDIN DES PLANTES, qui piétine toujours.

17 h...

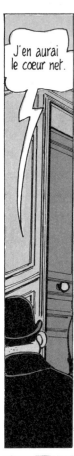

Des traces !
Quelqu'un
est passé par
là ! Et il n'y a
pas longtemps.

BON SANG!
LÉONCE, qu'est-ce
que c'est que ça ?

C'est
monstrueux
!

Le lendemain au musée du Louvre.

Inspecteur CAPONI ?

Oui. M. FLAGEOLET, je suppose...

C'est ça ! Heu, que vous est-il arrivé ?

Tombé ! Je suis tombé d'un toit...Mais ça ne m'empêche pas de vous écouter.

J'ai lu que vous vous occupiez de l'affaire MONTEVIDEO, cet acteur tué sur scène, et je crois pouvoir vous...

Cette enquête m'a été retirée. Je suis de nouveau sur l'affaire du Jardin des Plantes.

Ces deux affaires n'en font qu'une !

Dites donc, jeune homme ! J'espère que vous ne m'avez pas fait venir ici pour m'apprendre mon métier.

Voilà... J'ai suivi de près L'AFFAIRE DU JARDIN DES PLANTES, car peu avant on m'avait demandé de rechercher un mystérieux objet volé par deux individus, LOBEL et RIPOL.

S'il me parle du ptérodactyle, je le coffre.

Simon FLAGEOLET explique tout, mais l'inspecteur CAPONI comprend-il tout ?

Je devais découvrir plus tard que cette mission m'avait été confiée par PEISSONIER, l'artiste peintre. Il s'agissait de retrouver une statuette assyrienne représentant le démon PAZUZU et qui avait été dérobée par LOBEL et RIPOL chez le banquier MIGNONNEAU. Puis il y eut la mort de MONTEVIDEO. Là aussi on retrouve PEISSONIER : c'est lui qui fait les décors de la pièce dont le thème pseudo-assyrien tourne autour de PAZUZU.

Vous me suivez ?

Heu, c'est un peu embrouillé tout ça... J'aurais dû noter les noms au fur et à mesure sur mon calepin...

82

Oui, drôle d'histoire ! Même pas bonne à faire un mauvais roman... Trop compliquée ! On n'y comprendrait rien.

Ça, tu peux l'dire...

Je vous quitte, inspecteur. Vous savez, je suis très inquiet au sujet d'Adèle BLANC-SEC, dont je vous ai parlé...

Au revoir, M. FLAGEOLET. Ne vous en faites pas, je m'occupe de tout.

Toi, mon gars, tu en sais trop pour être honnête, je t'ai à l'œil...

VOUS ÊTES COMPLÈTEMENT FOU, CAPONI !

DUGOMMIER... Que fichait-il ici, celui-là ? ARH ! C'est raté... Je vais m'occuper de FLAGEOLET... Où est-il ? MAIS... **FLAGEOLET A DISPARU !**

Bon sang de bon sang ! C'est à n'y rien comprendre. Pourtant je suis habitué à résoudre des énigmes. Mais là... Ça dépasse ton niveau, Léonce. Tu as beau faire partie de la meilleure police du monde, ça t'échappe... Enfin, d'après FLAGEOLET, le point de départ de ce micmac, ç'aurait été PEISSONIER.

Allons voir à quoi il ressemble ce PEISSONIER. Ça ne m'étonnerait pas qu'il en ait gros à m'apprendre. Il me faut son adresse, un taxi et en route...

91

LES TRACES !

En plus, il y a quatre autres empreintes différentes. Elles vont toutes vers la Tour Eiffel.

Que les impurs trouvent le salut dans les affres de la divine calamité dont PAZUZU est le propagateur. Je vais leur inoculer... LA PESTE !

J'ai tout lieu de croire que ceux qui ont laissé ces traces sont montés dans la tour. Et c'est strictement interdit en dehors des heures d'ouverture...

Que faire, Léonce ? Que faire ! Monter voir ? Ça peut être dangereux avec ce monstre... Je ne devrais pas m'occuper de tout ça. L'affaire m'a été retirée. Je crois qu'il vaut mieux pour moi que j'en avertisse le commissaire principal DUGOMMIER.

Les impurs vont mourir ! Adèle BLANC-SEC et Simon FLAGEOLET, vous allez trouver le salut dans les affres de la peste des marais... Le moment est venu !

Ce fou serait capable de faire ce qu'il dit...

Allez !

Cette fois, Adèle, je crois que tu es fichue.

DUGOMMIER n'est pas à son domicile. Tant pis, j'appelle la préfecture.

Si je prends la responsabilité de cette affaire, je dois réussir... Sinon... D'autre part, si ça marche, mon p'tit Léonce, tu risques fort de passer commissaire...

Allô ! Ici l'inspecteur CAPONI. Envoyez-moi d'urgence un fourgon et des hommes au pilier nord de la Tour Eiffel. Il se passe quelque chose de monstrueux sur la tour.

Maintenant il faut monter, Léonce.

SORTIE

J'ai l'impression de commettre une erreur.

102

Eh bien! Aussi facilement assommé, c'est étonnant pour un bestiau pareil... Mais c'est un déguisement! Léonce, il faut que tu voies ça de plus près...

OH!

Sur la plate-forme du 2e étage...

On n'entend plus rien. PEISSONIER ne remonte pas, ça m'inquiète.

Finissons-en avec elle!

ARRÊTEZ!

Mains en l'air tout l'monde !
Sinon j'abats votre monstre
de pacotille ...

AAR

CLARA
BENHARDT!

C'est elle qui a poignardé
Josef MONTEVIDEO sur la scène
des DERNIERS JOURS DE BABYLONE,
ce navet !

Comment ça,
un navet ?

C'est Robert
POUSSIN, l'auteur
de la pièce.

106

108

109

voir ADÈLE ET LA BÊTE

* Voir ADÈLE ET LA BÊTE

Décidément, on vous aura toujours dans les pattes ! Dès qu'il y a une bourde à faire vous rappliquez ! Nous venions justement de ramener à la vie ce TARBOSAURUS ainsi que BOUTARDIEU avait procédé pour le PTÉRODACTYLE que vous avez tué.

Quelle perte pour la science !

Inspecteur ! Tout va bien ? Nous avons entendu des coups de feu.

Coffrez ces deux-là.

QUOI !
Ce flic accumule ânerie sur ânerie et en plus il nous arrête... Ah, merci, M. LÉPINE ! *

*LÉPINE : préfet de police de 1899 à 1912 !

Je vais devenir fou si ça continue...

Enfin... Il y a au moins une chose que l'on peut affirmer, c'est que la méthode BOUTARDIEU est maintenant au point...

Mmmh...

La ferme !

114

Mon Dieu, protégez-moi.

* Voir ADÈLE ET LA BÊTE

117

Et voilà... Six de plus ! Beau coup de filet, LÉONCE. Si après ça tu n'es pas nommé commissaire...

Ce type est fou à lier.

L'inspecteur CAPONI ne fut jamais nommé commissaire, par contre il se retrouva sergent de ville affecté à la circulation.

Le commissaire principal DUGOMMIER resta en place. C'est même lui qui tira toute la gloire de l'arrestation des membres de la secte dont il était lui-même l'instigateur des crimes.

Vous avez mis la main sur les deux fous que nous recherchions. Merci !

Coffrez-moi ces deux-là pour compléter le lot...

INSPECTEUR ! INSPECTEUR !

Oui

L'autre fille...

Adèle BLANC-SEC !

Elle vient de nous filer entre les doigts !

AH !

Quant à ADÈLE, depuis lors elle se cache...

Évidemment, pas un mot de tout ça dans la presse, l'affaire a été habilement étouffée...

Clara BENHARDT est en fuite.

Tu ne perds rien pour attendre, Adèle BLANC-SEC. J'accomplirai moi-même la vengeance de PAZUZU.

La pièce de Robert POUSSIN "Les derniers jours de Babylone" étant tellement médiocre, il va de soi qu'elle obtint un vif succès.

TARDI

Quelques mois se sont écoulés et l'année 1912 semble avoir mal commencé pour Adèle BLANC-SEC. Il lui est devenu impossible de s'éloigner de sa retraite sans qu'une présence étrange et menaçante colle à ses pas...

Vous aimeriez connaître dès maintenant la nature de la menace qui pèse sur ADÈLE car vous avez été captivé par ses aventures extraordinaires : il vous faudra attendre le prochain épisode intitulé **LE SAVANT FOU**.

Aventure et Polar

Adult'

Humour

Imprimé par Pollina à Luçon N° 9762
le 12 janvier 1988
Dépôt légal février 1988. ISBN 2-277-33056-6
Imprimé en France

J'ai lu BD / Éditions J'ai lu
27, rue Cassette 75006 Paris

Diffusion France et étranger : Flammarion